ANALIZA KSIĄŻKI

AF137524

Ziemia, planeta ludzi

· · · · · · · · · · · · · · · · ·

ANTOINE DE SAINT-EXUPÉRY

ANALIZA KSIĄŻKI

Napisany przez Evelyne Marotte
Przetłumaczony przez Kâmil Kowalski

Ziemia, planeta ludzi

ANTOINE DE SAINT-EXUPÉRY

ANTOINE DE SAINT-EXUPÉRY   5

Francuski pisarz i lotnik   5

ZIEMIA, PLANETA LUDZI   6

Autobiografia pisarza lotnika   6

STRESZCZENIE   7

STUDIUM POSTACI   11

Autor-narrator   11
Towarzysze   12

KLUCZE DO CZYTANIA   15

Nietypowa opowieść autobiograficzna   15
Szczególny świat, który zapowiada *Małego Księcia*   19
Mnogość tematów   20
Refleksja filozoficzna   23
Światowej sławy autor   25

DROGI DO REFLEKSJI   26

Kilka pytań do dalszej refleksji...   26

ABY PÓJŚĆ DALEJ   28

Wydania źródłowe   28
Badania porównawcze   28

ANTOINE DE SAINT-EXUPÉRY

FRANCUSKI PISARZ I LOTNIK

- **Urodzony w 1900 r. w Lyonie**
- **Zginął w 1944 roku u wybrzeży Korsyki**
- **Niektóre z jego prac:**
  - *Kurier południowy* (1929), powieść
  - *Nocny lot* (1931), powieść
  - *Mały Książę* (1943), baśń

Francuski lotnik i pisarz Antoine de Saint-Exupéry urodził się w 1900 roku w Lyonie, a zginął w 1944 roku u wybrzeży Korsyki podczas lotu rozpoznawczego dla sił alianckich. Pionier lotnictwa pocztowego i niestrudzony odkrywca, pierwsze utwory literackie opublikował w latach 20. i 30. XX wieku, w większości autobiograficzne (*Courrier sud*, *Vol de nuit*). *Le Petit Prince* i Ziemia, planeta człowieka, które zdobyły Grand Prix du roman de l'Académie française, pozostają dwoma jego największymi sukcesami literackimi.

ZIEMIA, PLANETA LUDZI

AUTOBIOGRAFIA PISARZA LOTNIKA

- **Gatunek:** powieść

- **Wydania referencyjne**:

  - *Terre des hommes*, Paris, Gallimard, kolekcja "Folio", 1972, 181 s.

  - *Terre des hommes*, Paris, Gallimard, kolekcja "Folio", 2001.

- Pierwsze **wydanie:** 1939 r.

- **Tematyka:** lotnictwo, strach, pustynia, przyjaźń, pamięć, nauka, bohaterstwo, humanizm, wypadek, podróż.

Ziemia, planeta ludzi, wydana w 1939 roku, to trzecia powieść napisana przez Antoine'a de Saint-Exupéry'ego. Jest w dużej mierze autobiograficzna i stanowi przede wszystkim hołd dla pracowników l'Aéropostale, w szczególności dla jego przyjaciół Jeana Mermoza (1901-1936) i Henri Guillaumeta (1902-1940).

Tekst składa się z serii opowiadań opartych na własnych podróżach autora po świecie jako lotnika. Ale autor nie poprzestaje na zwykłym opowiadaniu swoich przygód w bardzo specyficznym stylu: każde wydarzenie jest pretekstem do przejmujących, ale trzeźwych relacji z przygód pionierów Aéropostale, a także do filozoficznych refleksji na temat postępu, fanatyzmu oraz człowieczeństwa i jego paradoksów.

STRESZCZENIE

Epigram składa hołd Henriemu Guillaumetowi, koledze pilotowi Saint-Exupéry'ego i szefowi w l'Aéropostale. Przedmowa przedstawia następnie intencje autora: przywołanie uderzających wspomnień z jego doświadczeń jako pilota poprzez wykazanie, że samolot głęboko zmienia relacje człowieka z otoczeniem.

Pierwszy rozdział przywołuje wspomnienia o szkoleniu autora jako pilota Aéropostale i jego pierwszym locie w 1926 roku na trasie Tuluza-Dakar. Te pierwsze strony, w których narracja autobiograficzna przeplata się z fragmentami dyskursywnymi, wyznaczają tempo narracji dla całego utworu.

Saint-Exupéry był znanym lotnikiem. Wykorzystuje swoje doświadczenia do opowiadania anegdot i do medytacji nad rolą maszyny – "narzędzia, a nie celu" (s. 49) – która na zawsze zmienia egzystencję człowieka. Rozwija on w swojej narracji wątek metafory żołnierza i osadnika, przypominając swoim współczesnym, że jeśli do tej pory zachowywali się jak zdobywcy, to teraz muszą nauczyć się zachowywać jak osadnicy i właściwie żyć na ziemiach, które zdobyli dzięki postępowi technicznemu.

Wyjaśnia, jak latanie daje inne spojrzenie na świat, teraz woli linię prostą od krętych dróg tych, którzy podróżują na lądzie. Latanie oferuje również nową wizję krajobrazów, która uwidacznia różne okresy geologiczne naszej planety i, co jeszcze bardziej zaskakujące, "cud człowieka". Fragment ten zamyka liryczny wiersz poświęcony chilijskiemu miastu Punta Arenas, w którym autor, "opierając się o fontannę", przywołuje przemijanie czasu, próżność istot ludzkich i ulotne piękno młodych dziewcząt.

Młody pilot przywołuje następnie podziw, jakim darzy swoich bardziej doświadczonych kolegów, a także niepokój, jaki poprzedza jego pierwszy lot, zwłaszcza w starym omnibusie, który wiezie go na płytę lotniska. Następnie opisuje pocieszenie, jakiego szukał u Guillaumeta, który dobrze znał linię i udzielił mu szczególnej lekcji geografii Hiszpanii, geografii widzianej z lotu ptaka z odniesieniami zarówno praktycznymi, jak i poetyckimi.

Temu ostatniemu składa żywy i mistrzowski hołd, zwracając się do niego bezpośrednio. Fabuła skupia się na epizodzie cudownego powrotu pilota do Laguna del Diamante w Argentynie, w pobliżu wulkanu Maipu. Guillaumet opowiada narratorowi, siedzącemu przy jego łóżku, fragmentami, co zniósł w zimnie i samotności: "To, co zrobiłem, przysięgam ci, żadna bestia nigdy by tego nie zrobiła" – zwierza się (s. 40).

Niepokój młodzieńca jest też okazją do przypomnienia sobie innych lęków, takich jak oczekiwanie na wieści od towarzysza Lécrivaina, który zaginął podczas misji. Saint-Exupéry wspomina wtedy Mermoza, wspaniałego bohatera, nienasyconego poszukiwacza przygód w Andach. Jego tragiczna śmierć jest dla autora okazją do refleksji nad niezawodną przyjaźnią między pilotami l'Aéropostale, a także do wspomnienia awarii samolotu i nocy spędzonej na pustyni mauretańskiej z przyjaciółmi Riguelle'em i Bourgatem.

Następnie wspomina mauretańską dysydencję i niewolę Serre i Reine, po czym przywołuje epizod, w którym znalazł się w środku pustyni na dziewiczym terenie, pokrytym "gwiezdnym pyłem". To pierwsze doświadczenie pustyni przywołuje inne, w tym doświadczenie nocy spędzonej w samotności i bezpośredniości istnienia. Następnie wspomina swoje warunki życia jako pilot na Cap Juby na Saharze, doświadczenie pustki i ciszy oraz strach przed dysydentami.

Wspomina też atmosferę fortu w Port-Étienne w Mauretanii, prowadzonego przez szefa lotniska Lucasa, odchodzenie poczty i znaki ostrzegawcze przed cyklonami. Tłumaczy też, że zbuntowani Maurowie w obawie przed cywilizacją zabijali francuskich pilotów, stając się tym samym obrazem barbarzyńskiego fanatyzmu, niezdolnego do zaakceptowania postępu.

Dowiadujemy się, że gdy Saint-Exupéry i Prévot byli w nocy w drodze nad Nil, ich samolot się rozbił. Dwaj mężczyźni znaleźli się całkowicie zagubieni na pustyni, bez wody. Autor zdecydował się na spacer na wschód, po czym, żerując na mirażach, zawrócił. Odwodniony, traci przytomność. Dwaj mężczyźni próbują zebrać rosę na tkaninie spadochronowej, ale woda nie nadaje się do picia. Opuszczają samolot na dobre i zostają znalezieni, prawie martwi, przez Beduina (koczowniczego Araba i kierowcę wielbłąda) z Libii.

Aby zakończyć wątek pustyni, narrator opowiada historię starego Bark, pasterza z Marrakeszu, który został porwany przez dysydentów, zniewolony i skazany na śmierć głodową. Piloci Aéropostale wykupili go i zorganizowali mu wyjazd do Agadiru, gdzie jako "człowiek wśród ludzi" roztrwonił swoje zarobki rozdając je młodym żebrakom.

Saint-Exupéry medytuje nad ekstremalnymi doświadcze-
niami, które pozwalają mu osiągnąć spokój. Aby zilustrować
swoją tezę, opowiada historię sierżanta hiszpańskich anarchi-
stów, byłego księgowego w Barcelonie, który wypełnia swoje
przeznaczenie, prowadząc wojnę partyzancką w Madrycie.
Następnie autor zastanawia się nad pojęciami miłości i
prawdy, które są częścią poszukiwania sensu w każdym ludz-
kim zaangażowaniu. Wreszcie przywołuje pamięć polskich
górników, zmęczonych pracą, wracających pociągiem do
ojczyzny; wyzyskiwanych mężczyzn, którzy nie mogli swobod-
nie realizować swojego przeznaczenia: "To trochę, w każdym z
tych mężczyzn, Mozart zamordował.

STUDIUM POSTACI

Wszystkie postacie z Ziemia, planeta człowieka istniały naprawdę, z wyjątkiem Barka, niewolnika dysydenckich Maurów.

AUTOR-NARRATOR

Antoine de Saint-Exupéry urodził się w Lyonie 29 czerwca 1900 roku. Miał szczęśliwe dzieciństwo i przygotowywał się do wstąpienia do Szkoły Morskiej, ale nie zdał egzaminu. Następnie kontynuował naukę w École des Beaux-Arts w Paryżu.

W 1921 roku, podczas służby wojskowej w Strasburgu, którą odbył w siłach powietrznych, nauczył się latać. W 1926 roku dołączył do Latécoère, spółki zajmującej się lotnictwem cywilnym i przyszłej Aéropostale, która przewoziła pocztę z Tuluzy do Dakaru. Trzy lata później został mianowany kierownikiem stacji w Port Juby na Rio de Oro, po czym w 1930 roku opublikował *Courrier sud,* swoją pierwszą powieść autobiograficzną. Następnie wyjechał do Ameryki Południowej z Mermozem i Guillaumetem, a w 1931 roku opublikował *Nocny lot*, za który otrzymał Prix Femina. W 1939 roku wydał Ziemia, planeta człowieka, swoją drugą powieść autobiograficzną. Podczas II wojny światowej (1939-1945) wstąpił do sił wyzwoleńczych i opublikował *Pilote de guerre (*1942), ostatnią powieść autobiograficzną, *Lettre à un otage (*1943), esej zapowiadający pośmiertne dzieło *Citadelle (*1948), oraz *Le Petit Prince (*1943).

Zginął przedwcześnie podczas misji rozpoznawczej 31 lipca 1944 r. Jego samolot, zestrzelony prawdopodobnie przez niemiecki samolot, został odnaleziony u wybrzeży Marsylii dopiero w 2004 roku.

 ## NARRATOR NA PODOBIEŃSTWO AUTORA

Narratorem jest młody pilot samolotu z pasją do swojej pracy. Przepełniony ideałami, chce podbić niebo. Marzy o szerokich przestrzeniach i patrzy na świat świeżym i estetycznym okiem, które zazwyczaj widzi z góry. Ma takie wartości jak praca i szacunek dla innych, a także solidarność. Przede wszystkim szuka wzorca zawodowego i w trakcie swoich przygód wykazuje się dużym opanowaniem i odwagą.

TOWARZYSZE

Jest ich wiele. Wszyscy oni, piloci i mechanicy, uczestniczyli w sukcesie l'Aéropostale. Niezbyt rozmowni, są dyskretnymi i skromnymi bohaterami, odważnymi i niezawodnymi, którym Saint-Exupéry nie przestaje oddawać hołdu w swoich pismach. Są to Mermoz, Guillaumet, Beri, Prévot, Lécrivain, Bury, Riguelle, Bourgat, Laubergue, Marchal i Abgrall.

Jean Mermoz

Jean Mermoz był najlepszym przyjacielem Saint-Exupéry'ego i emblematyczną postacią Aéropostale. Nie jest "toreadorem", mówi nam pisarz, bo jest poważny i zdecydowany w swojej pracy. Nie można kupić jego przyjaźni, bo to "człowiek wzorowej prawości", wierny swoim wartościom. W 1929 roku, dzięki odwadze i uporowi, otwiera wraz z Henri Guillaumetem linię Andes. Kilka miesięcy później z powodzeniem przepłynął południowy Atlantyk na swoim Latécoère 300, *La Croix-du-Sud. To* właśnie na pokładzie tego samolotu zaginął trzy lata później.

Henri Guillaumet

13 lipca 1930 roku Henri Guillaumet, "największy pilot swoich czasów" według Didiera Daurata, szefa Aéropostale, rozbił się w Andach. Następnie przez tydzień szedł w śniegu, zanim dotarł do andyjskiej wioski i odnalazł swoich towarzyszy. Aby się trzymać, myślał o swojej żonie Noëlle: "Moja żona, jeśli myśli, że żyję, to myśli, że chodzę. Towarzysze uważają, że chodzę. Wszyscy mi ufają. A ja jestem draniem, jeśli nie chodzę. (s. 43) Ten wyczyn definitywnie buduje jego legendę.

Bark

Bark, którego prawdziwe imię brzmi Mohammed ben Lhaoussin, jest pasterzem z Marrakeszu, który został schwytany przez Maurów i zniewolony. Saint-Exupéry opowiada swoją historię w rozdziale VI.

Po dziesiątkach lat służby ten stary człowiek, opuszczony przez swoich panów, powinien umrzeć z głodu jak jego współtowarzysze cierpienia. Bark nie godzi się jednak na swój fatalny los i nie zapomina o swojej ludzkiej godności. Namawia pilotów Aéropostale, by go wykupili i wysłali do Agadiru. Pewnego razu tam, znajdując wśród miejskich żebraków bardziej nieszczęśliwego od siebie, oddaje wszystkie swoje pieniądze i w ten sposób znajduje miejsce wśród ludzi.

André Prévot

André Prévot był mechanikiem Antoine'a de Saint-Exupéry'ego. Doświadczony nawigator, był też wspólnikiem pisarza. "Jest wrażliwy na wszystkie odmiany dźwięków lotu" – mówi autor z nutką podziwu. Jest z nim w dniu katastrofy samolotu na pustyni libijskiej w Egipcie. Zagubieni na pustyni bez dostępu do wody, oscylując między nadzieją a duchem walki, błądzą w nadziei na znalezienie oazy lub kogoś, kto im pomoże. Przechodzą 60 kilometrów bez picia. Podczas tej wędrówki André Prévot okazał się wzorowy i zyskał szacunek Saint-Exupéry'ego, który powiedział o nim: "Ani razu nie słyszałem, żeby się skarżył. To bardzo dobrze. Nie do zniesienia byłoby słyszeć jego skomlenie. Prévot jest człowiekiem. (wyd. ludowe 2001, s. 145).

Prévot i Saint-Exupéry dzielili wiele przygód, zwłaszcza na trasie Paryż-Saigon, ale także na promocyjnym obiegu wokół Morza Śródziemnego w 1935 roku. Wśród ich niezwykłych wyczynów nie należy zapominać o poszukiwaniu dróg lotniczych, którymi można było dotrzeć do różnych miast Afryki. W 1937 roku obaj pokonali ponad 9000 kilometrów, aby otworzyć trasę lotniczą między Casablanką, Timbuktu i Bamako.

Libijski Beduin

Libijski Beduin pojawia się w powieści tylko na krótko, pod koniec rozdziału VII. Czytelnik widzi jedynie jego "archaniołowe ręce" (s. 156), które spoczywają na ramionach Saint-Exupéry'ego i Prévota, rozbitków na pustyni, by ofiarować im wodę. Pojawiając się znikąd, bez słowa ratuje dwóch pilotów i natychmiast znika. "Jesteś człowiekiem" – mówi o nim po prostu autor (s. 157).

KLUCZE DO CZYTANIA

NIETYPOWA OPOWIEŚĆ AUTOBIOGRAFICZNA

Skład

W trzeźwym i mocnym stylu Saint-Exupéry przeplata fragmenty dyskursywne i narracyjne. Jego cel jest przede wszystkim filozoficzny, a epizody narracyjne są ilustracją medytacji autora nad życiem, śmiercią i kondycją ludzką. W przeciwieństwie do fragmentów dyskursywnych, wykazują one dużą różnorodność tonów, systemów enuncjacyjnych i czasów, które utrudniają czytelnikowi śledzenie chronologii opowiadanych wydarzeń. Typowym przykładem fragmentu narracyjnego jest wiersz liryczny poświęcony pamięci Punta Arenas, który znacznie różni się od otaczającego go tekstu.

Mimo tej różnorodności, która nadaje każdemu rozdziałowi i podrozdziałowi jedność, praca jest umiejętnie skonstruowana:

- Pierwsze dwa rozdziały poświęcone są mężczyznom, którzy służyli Saint-Exupéry'emu za wzór;

- Dwa następne opisują płaszczyznę i planetę, "Ziemię ludzi", teraz widoczną z nieba, a więc "zdominowaną";

- Następnie przychodzi rozdział piąty, "Oaza", który dotyczy relacji człowieka z tym, co ponadczasowe i z naturą, poprzez przywołanie argentyńskiej rodziny, która mieszka w bardzo starym domu pośród dzikich zwierząt;

- Następnie dwa rozdziały skupiają się na pustyni, wrogości środowiska naturalnego i ogromnej samotności człowieka rozbitego na piasku, pozbawionego wody i zbawczej obecności bliźnich;

- Zakończenie, ostatni rozdział, to powrót do społeczeństwa ludzkiego i jego niesprawiedliwości.

Zróżnicowana wymowa

Jak we wszystkich narracjach autobiograficznych, narracja wewnętrzna wydobywa "ja" autora, zwłaszcza we fragmentach dyskursywnych, autora, który powraca do swoich wspomnień i wyciąga wnioski z doświadczeń. To "ja" to także narrator, który przejmuje prowadzenie narracji i jest rozbawiony zachowaniem i reakcjami postaci "ja". Ta konfrontacja trzech "ja" jest szczególnie widoczna w pierwszym rozdziale, gdzie widzimy młodego Saint-Exupéry'ego rozdartego między niepokojem a dumą w przededniu jego pierwszej misji, narratora ironizującego z tej postawy początkującego, podczas gdy autor, przejmując prowadzenie dyskursu, apostrofuje "starych biurokratów" (s. 21).

Ten sam system enuncjacyjny zastosowano w hołdzie dla Henri Guillaumeta. Autor zwraca się bezpośrednio do kolegi pilota w drugiej osobie liczby pojedynczej i ilustruje swoją panegiryczną (eulogistyczną) mowę epizodami narracyjnymi, w drugiej osobie – by zrelacjonować we fragmentach historię, jaką Guillaumet opowiada o swoim wypadku, a w pierwszej – by przywołać konfrontację narratora z przyjacielem.

Gra zaimków osobowych, pomiędzy różnymi "ja" i "ty", zbiega się w "my", którego użycie powraca w utworze, gdy mowa jest o wspólnocie pilotów i mężczyzn.

Wreszcie mamy do czynienia z zabawą z czasami narracyjnymi, które podlegają wariacjom. Saint-Exupéry nadaje w ten sposób swoim autobiograficznym opowieściom większą skuteczność i autentyczność. Po fragmentach narracji w czasie przeszłym następują fragmenty w narracji symultanicznej, w czasie teraźniejszym, jak np. opowieść w rozdziale VII, która staje się bardziej żywa i pełna napięcia. Z powodu narracji symultanicznej czytelnik nie wie już, czy spotkania dokonywane przez zagubionego na pustyni narratora są mirażami, halucynacjami czy rzeczywistością.

Z tą samą troską o skuteczność Saint-Exupéry woli używać mowy bezpośredniej w krótkich, trzeźwych zdaniach, aby jego bohaterowie mówili. Szczególnie poruszające są słowa Guillaumeta, które brzmią jak pierwsze prawdy o człowieku: "To, co zrobiłem, przysięgam, że żadna bestia by tego nie zrobiła". (p. 40)

Bardzo precyzyjny podział rozdziałów, zestawienie różnych i bardzo krótkich epizodów, a także zabawa czasem narracji nadają dziełu niezwykłe tempo.

Styl z pogranicza prozy poetyckiej

Jeśli chodzi o sam styl, to w tekście pojawia się wiele obrazów, zwłaszcza na temat nieba, które czasem nadają niektórym fragmentom wygląd prozy poetyckiej. Elementy przyrody są często personifikowane: "Wiatr wschodni wznosi się [...]. Jego nikłe westchnienie ledwo do mnie dociera" (Folio 2001, s. 84);

"Oto księżyc pochyla się ku piaskom, przywrócony do nicości przez Jego Mądrość" (*tamże*, s. 89), czy "księżyc jest martwy" (*tamże, s.* 114).

Użyte określenia wyraźnie wskazują na czułość Saint-Exupéry'ego wobec swojego samolotu, narzędzia pracy i wiernego towarzysza, którego również personifikuje: "Samolot, nie potykając się, pokonywał drogę na brzuchu z gniewnymi i ogonowymi ruchami gada. (*tamże*, s. 122)

Wiele innych figur mowy występuje w tym tekście. Przykładem może być anafora w powtórzeniu "Co się stało" (*tamże*, s. 73) i "uważa się, że" (*tamże,* s. 74), czy kumulacja w "te drzewa, te kwiaty, te kobiety, te uśmiechy" (*tamże,* s. 36). Jest też kilka hiperboli, np. "Ta noc lotu i jej sto tysięcy gwiazd" (*tamże*). Nie brakuje odniesień do natury, porównań i metafor: "Dają mu serce, które jest dzikim ogrodem" (*tamże*, s. 74). Opowieść jest też okraszona ważnym bestiariuszem: są tu żaby (*tamże*, s. 64), psy, ptaki (*tamże,* s. 71), żmije (*tamże,* s. 73) itd.

Słownictwo niebieskie i pogodowe sprawia, że czytelnik ma wrażenie, że leci nad tekstem, jakby był na pokładzie samolotu Saint-Exupéry'ego i patrzył z góry na krajobraz. Nadaje to tekstowi lekki, ulotny klimat, który dodatkowo podkreśla poetycki styl. Autor umiejętnie wplata w swoją opowieść rozważania na temat życia i refleksje filozoficzne: "Przychodzi jednak dzień, kiedy w młodej dziewczynie budzi się kobieta [...] Wtedy pojawia się głupiec." (*tamże*, s. 73-74). Wreszcie cały tekst opowiedziany jest czasem w czasie przeszłym (imperfect i past compound), a czasem w czasie teraźniejszym.

SZCZEGÓLNY ŚWIAT, KTÓRY ZAPOWIADA
MAŁEGO KSIĘCIA

Ziemia, planeta człowieka przypomina świat *Vol de nuit* na wiele sposobów: jest tu ta sama solidarność między pilotami, to samo poczucie samotności i siły podczas nocnych lotów i to samo poczucie obcości po powrocie na ląd. Postać Rivière'a w *Nocnym locie* ma wszystkie cechy Guillaumeta, a bohater powieści – Mermoza.

Co więcej, Ziemia, planeta człowieka zdaje się zapowiadać *Małego Księcia*:

- W tym drugim akcja rozgrywa się w tym samym pustynnym krajobrazie, "tysiąc mil od jakiegokolwiek zamieszkałego lądu", a biorą w niej udział pilot i młody chłopak z innej planety. Pustynia jest w obu powieściach scenerią prawdziwych i koniecznych spotkań;

- Postacie w obu utworach są podobne. Biznesmen w *Małym Księciu* przypomina starych biurokratów, do których Saint-Exupéry zwraca się na początku Ziemia, planeta człowieka i poprzez których pisarz krytykuje alienację współczesnego człowieka. Z kolei geometra w opowiadaniu przypomina Guillaumeta uczącego młodego pilota geografii Hiszpanii;

- W obu pracach pojawiają się identyczne elementy: oszczędność wody i studnia, a także gwiezdny pył i odniesienia do gwiazd w ogóle. W Ziemia, planeta człowieka znajdziemy również lampy uliczne, które nawiązują do planety latarnika w *Małym Księciu*, tego, który oświetla planety i dzięki temu może prowadzić pilotów podczas nocnych lotów;

- Ten sam bestiariusz zaludnia oba teksty: w *Małym Księciu* jest to owca, lis i śmiertelny wąż; w *Krainie ludzi jest* to hiszpańska owca Guillaumeta, fenek i żmije. Fenek, którego Saint-Exupéry spotyka w rozdziale VII, zapowiada lisa z *Małego Księcia,* którego trzeba oswoić i który daje autorowi możliwość napisania jednej z najpiękniejszych stron w literaturze o przyjaźni i miłości, porównywalnej z tymi poświęconymi Mermozowi i Guillaumetowi w Ziemia, planeta człowieka;

- Mały Książę czuwa nad swoją planetą i jest dobrym ogrodnikiem; uosabia model człowieka, do którego wzywał Saint-Exupéry w swoim przemówieniu i który uprawia swój ogród, zamiast go niszczyć i dać się przekonać fałszywym ideologiom;

- Ponadto w obu utworach obecna jest zaduma. Można to określić poprzez powtarzające się użycie określeń przywołujących niebo, gwiazdy, wieczność. Ale też atmosfera unoszenia się i nieważkości, która napędza czytelnika w inny wymiar i nadaje temu tekstowi podwójny stopień oczytania;

- Z *Małego Księcia* i Ziemia, planeta człowieka wyłaniają się jeszcze wspólne idee, w szczególności ta, że człowiek jest wiecznie samotny w świecie, w którym panuje teraz indywidualizm.

MNOGOŚĆ TEMATÓW

W Ziemia, planeta człowieka Saint-Exupéry porusza bardzo wiele tematów. Niektóre z nich są filozoficzne, inne bardziej błahe, ale wszystkie prezentują stylistyczną sprawność, z której autor jest znany.

Tak więc poprzez lotnictwo, to przede wszystkim kwestia postępu technologicznego jest przedstawiona w tej pracy poprzez rozważania historyczne. Saint-Exupéry stwierdza na przykład, że "silniki w tamtych czasach nie oferowały takiego bezpieczeństwa jak dzisiejsze. Często zawodzą nas nagle, bez ostrzeżenia, z wielkim gwarem tłuczonych naczyń" (*tamże*, s. 13). Dobrze opisana jest też miłość do swojego zawodu, gdy deklaruje: "Ta noc lotu i jej sto tysięcy gwiazd, ten spokój, ta suwerenność kilku godzin, pieniądze nie mogą tego kupić" (*tamże,* s. 36).

Motyw podróży to oczywiście ten, który pojawia się od samego początku. Autor wymienia wszystkie cele podróży odkryte w czasie, gdy był pilotem. I tak na przestrzeni stron, poprzez peregrynacje Saint-Exupéry'ego i jego towarzyszy, przekraczamy granice Hiszpanii, przesuwamy granice Sahary, Egiptu i Chile. Autorka często serwuje nam piękne opisy bliskie prozie poetyckiej.

Śmierć jest również obecna w całej opowieści. W swojej książce o wypadkach lotniczych wspomina o wszechobecnym zagrożeniu dla pilota: "Gdy tylko zostałem złapany, puściłem stery, trzymając się fotela, by nie zostać wyrzuconym. Wstrząsy były tak mocne, że pasy bolały mnie w ramionach i byłbym wyskoczył. (*tamże,* s. 41) Strach i brak wody na środku pustyni sprawiły, że Prévot i Saint-Exupéry obawiali się możliwości ich rychłej śmierci. Prévot rozważa nawet samobójstwo.

Humanizm jest nadal jednym z głównych tematów poruszanych w tej pracy. Solidarność i przyjaźń między pilotami linii lotniczych jest wywyższona poprzez braterstwo: "Nie można kupić przyjaźni Mermoz od towarzysza, którego wspólnie przeżyte męki związały z nami na zawsze", mówi (*tamże, s. 35*). Saint-Exupéry zwierza się czytelnikom ze swojego szczęścia, że czuje się wspierany i otaczany przez swoich towarzyszy: "Długo idziemy obok siebie, zamknięci we własnym milczeniu, albo wymieniamy słowa, które nic nie niosą. Ale oto nadchodzi godzina niebezpieczeństwa. Wtedy wspieramy się wzajemnie. Odkrywamy, że należymy do tej samej wspólnoty" (*tamże*, s. 37), zdanie, które wiele mówi o jego wartościach i upodobaniu do szczerych i dziewczęcych przyjaźni. Dla niego to właśnie niebezpieczeństwo, z którym piloci spotykają się każdego dnia, łączy ich i daje im siłę do przekraczania siebie. Jego przyjaźń jest wierna: "Nic, nigdy [...] nie zastąpi utraconego towarzysza. Nie tworzy się starych towarzyszy. Nie ma nic takiego jak skarb tylu wspólnych wspomnień, tylu złych godzin spędzonych razem, [...], poruszeń serca. Nie odbudowuje się tych przyjaźni. (*tamże*, s. 35)

Heroizm jest również wychwalany poprzez różne przygody relacjonowane przez bohaterów firmy Latécoère, które często są okazją do podkreślenia ich wytrzymałości, zaradności i umiejętności podejmowania właściwych decyzji, w szczególności przeżycia Guillaumeta po katastrofie w Andach, ale także Saint-Exupéry'ego i Prévota, którzy cudem przeżyli katastrofę samolotu na Saharze i którzy próbowali przetrwać, nie dając się pokonać strachowi przed śmiercią.

Wreszcie uczenie się i dążenie do inicjacji również należą do zagadnień poruszanych przez autora. Historia zaczyna się od jego wejścia do Latécoère w 1926 roku, kiedy był młody, a więc niedoświadczony. "Tam nauczyłem się fachu. Ja zaś, podobnie jak moi towarzysze, przeszedłem nowicjat, jaki przechodzili młodzi ludzie, zanim dostąpili zaszczytu latania na posterunku [...]. Żyliśmy [...] w szacunku dla starszych" (tamże, s. 11). (*tamże,* s. 11)

REFLEKSJA FILOZOFICZNA

W całej swojej twórczości Saint-Exupéry próbuje zdefiniować człowieka i jego paradoksy. Według słów Blaise'a Pascala (francuski matematyk, fizyk i filozof, 1623-1662), do których odwołuje się autor, człowiek jest istotą "wielkości i nieszczęścia". Jest wielki w swoim zapale do odkrywania i postępu, by poprawić swój stan, a nieszczęśliwy w swojej kruchości, która czyni go tak ściśle zależnym od otoczenia: "Myśli się, że człowiek jest wolny... nie widzi się sznura, który przywiązuje go do studni, który wiąże go, jak pępowina, z łonem Ziemi." (p. 149)

Aby zachować swoją wielkość, człowiek musi "prawdziwie się narodzić", czyli wypełnić swoje przeznaczenie i nadać sens swojemu istnieniu. Saint-Exupéry "nie lubi, gdy ludzie są uszkodzeni" (s. 150), gdy są zmuszeni do monotonnego życia jako konsumenci, mieszkańcy przedmieść lub niewolnicy emigracji (polscy robotnicy pod koniec książki), życia, którego nie wybrali. Gwałtownie sprzeciwia się przemysłowemu społeczeństwu konsumpcyjnemu, od którego woli chłopską egzystencję, w której życie, śmierć, przekazywanie dziedzictwa i kultury mają znaczenie: "Kto walczy w wyłącznej nadziei na dobra materialne, ten w istocie nie zbiera nic, dla czego warto żyć." (p. 49)

Aby sprostać swoim ogromnym ambicjom i zaradzić naturalnej słabości, człowiek musi móc liczyć na powszechną solidarność, porównywalną z tą, której Saint-Exupéry doświadczył w

Aéropostale. Wszystkie jego działania muszą być ukierunkowane na tę zbiorową odpowiedzialność w służbie postępu i cywilizacji: "Wielkość zawodu polega być może przede wszystkim na jednoczeniu ludzi: istnieje tylko jeden prawdziwy luksus, a są nim relacje międzyludzkie" (s. 35); "Być człowiekiem to właśnie być odpowiedzialnym". (s. 47) Dla autora związek to siła, a mężczyźni, ocierając się na co dzień o siebie, dzieląc te same próby, zmierzają do wspólnego celu, jakim jest wspólne działanie, aby z ich działań wyłoniło się coś większego, wyższego, ideał.

Autor nienawidzi więc wszelkiego fanatyzmu, zwłaszcza politycznego i religijnego fanatyzmu dysydenckich Maurów, którzy odrzucają postęp i zabijają pilotów. "Bóg ich zwodzi" (s. 86), mówi Saint-Exupéry, ponieważ poświęcają swoje życie dla raju, który postęp mógłby im przynieść, gdyby posiadali wiedzę o świecie. Ich ignorancja ich gubi.

Wreszcie Saint-Exupéry kocha maszynę, w tym przypadku samolot, który umożliwia postęp i wiedzę: "Ale maszyna nie jest celem. Samolot nie jest celem: jest narzędziem. (s. 49); "Sama maszyna, im bardziej się doskonali, tym bardziej blednie przy swojej roli." (s. 51) To "narzędzie" pozwala im jednak odkryć inne oblicza ziemi: "Oto więc zmieniamy się w fizyków, biologów, badających te cywilizacje, które zdobią dna dolin [...] Oto więc oceniamy człowieka w skali kosmicznej, obserwując go przez nasze bulaje, jak przez instrumenty badawcze." (p. 55)

ŚWIATOWEJ SŁAWY AUTOR

Ziemia, planeta człowieka i wszystkie inne dzieła Antoine de Saint-Exupéry'ego są znane na całym świecie. Lotnik stał się nazwiskiem domowym i nadal oczarowuje miliony czytelników, szczególnie dzięki *Małemu Księciu,* który jest jedną z najbardziej poczytnych książek na świecie. Sława autora jest tak wielka, że w latach 1996-2002 w obiegu był banknot z jego wizerunkiem, a lotnisko w Lyonie, jego rodzinnym mieście, nosi jego imię.

Jego talent pisarski, sprawność lotnika i niebiańskie przygody uczyniły z niego bohatera narodowego, o którym pamięć nieprędko zaniknie.

DROGI DO REFLEKSJI

KILKA PYTAŃ DO DALSZEJ REFLEKSJI...

- Przeanalizuj różne przedstawienia pustyni w utworze, od "gwiezdnego pyłu" widzianego podczas pierwszego doświadczenia Sahary w rozdziale IV do "miraży" w rozdziale VII.

- Jak Saint-Exupéry określa przyjaźń i solidarność, które wiążą pilotów l'Aéropostale? W jaki sposób te wartości są istotne i fundamentalne dla jego humanistycznej filozofii?

- Jak w powieści przejawia się niechęć autora do barbarzyństwa i fanatyzmu religijnego?

- Jak Saint-Exupéry tłumaczy alienację współczesnego człowieka i jakie rozwiązania przewiduje dla poprawy ludzkiej kondycji?

- Wykorzystując rozdziały II i IV dotyczące samolotu, określ wiarę autora w postęp i wiedzę.

- Na podstawie różnych epizodów opowiedzianych przez autora, zrekonstruować historię l'Aéropostale.

- Poprzez postaci Barka i małego Polaka, widziane w pociągu w ostatnim rozdziale, komentuj pojęcia przeznaczenia i powołania u Saint-Exupéry'ego.

- Jak wygląda bohater dla autora?

- Przeanalizuj obrazy i różne figury mowy i pokaż, jak nadają one szczególny ton utworowi.

- Czy patrząc na inne utwory autora, zauważasz jakieś podobieństwa? Które?

ABY PÓJŚĆ DALEJ

WYDANIA ŹRÓDŁOWE

Saint-Exupéry A. de, *Terre des hommes,* Paris, Gallimard, kolekcja «Folio», 1972.

Saint-Exupéry A. de, *Terre des hommes,* Paris, Gallimard, kolekcja «Folio», 2001.

BADANIA PORÓWNAWCZE

Estang L., *Saint-Exupéry*, Paris, Seuil, coll. «Points», 1989.

Saint-Exupéry A. de, *Le Petit Prince,* Paris, Gallimard, seria «Folio», 1999.

Vircondelet A., *Saint-Exupéry. Vérité et légendes*, Paris, Éditions du Chêne, 2000.

Chcemy usłyszeć od Ciebie, co się dzieje!
Zostaw komentarz na temat swojej internetowej biblioteki
i podziel się swoimi ulubionymi książkami w mediach społecznościowych!

Dlaczego warto wybrać Must Read?

Dowiedz się wszystkiego, co musisz wiedzieć o książce dzięki naszym zwięzłym i dogłębnym streszczeniom i analizom!

Odkryj to, co najlepsze w literaturze w zupełnie nowym świetle!

Wydawca zapewnia o wiarygodności publikowanych informacji, co jednak nie może wiązać się z jego odpowiedzialnością.

www.50minutes.com

Master ISBN: 9782808694124
Papierowy ISBN: 9782808615525
Depozyt prawny: D/2023/12603/1832

Verhaal: © Primento

Projekt cyfrowy: Primento, cyfrowy partner wydawców.